Inhalt

P(ublic)-P(rivate)-P(artnership) - Eine Chance für die angeschlagene Immobilienwirtschaft?

Kernthesen

Beitrag

Fallbeispiele

Zahlen und Fakten

Weiterführende Literatur

Impressum

P(ublic)-P(rivate)-P(artnership) - Eine Chance für die angeschlagene Immobilienwirtschaft?

Autor GENIOS BranchenWissen: S.Holzner

Kernthesen

- Mit PPP will die öffentliche Hand die betriebswirtschaftliche Effizienz erhöhen, indem man sich die Kompetenz und das Kapital privatwirtschaftlicher Unternehmen zunutze macht.
- PPP-Projekte kennzeichnet ein ganzheitlicher Ansatz über den kompletten Lebenszyklus einer Immobilie, von der Planung, über Bau, Betrieb und die

Bewirtschaftung bis zur Verwertung.
- Für 2005 wird ein Boom bei den PPP-Vertragsabschlüssen verzeichnet, insbesondere in Großstädten.
- Der Einsatz von Task Forces und Kompetenzzentren auf Bundes- und Landesebene sowie einer Pilot-Projektgruppe im Bundesbauministerium zeigt das große politische Interesse an PPP.

Beitrag

Ein aktuelles Difu-Gutachten verzeichnet seit 2004 einen regelrechten Boom bei Public-Private-Partnerships (PPP). Für 2005 sollen sich die Vertragsabschlüsse sogar verdoppeln. Angesichts der immer noch anhaltenden Umsatzschwäche im deutschen Immobiliensektor wächst die Bereitschaft, die begehrten öffentlichen Aufträge auf dem Wege einer Partnerschaft zu ergattern. (2)

Was ist eigentlich PPP?

Eine allgemein gültige Definition von P(ublic)-P(rivate)-P(artnership) bzw. Öffentlich-Privater-Partnerschaft gibt es bisher nicht, genauso wenig wie ein Standard-Modell, das aus der Schublade gezogen werden könnte. Das PPP Grundprinzip ist eine langfristige vertraglich geregelte Kooperation zwischen öffentlicher Hand und privatwirtschaftlichen Unternehmen zur möglichst ökonomischen Erfüllung öffentlicher Aufgaben. Bei nicht hoheitlichen Aufgaben wird geprüft, ob ein privates Unternehmen diese effizienter und kostengünstiger leisten kann. Gerade die komplette Bereitstellung einer öffentlichen Immobilie muss nicht zwingend durch die öffentliche Hand erbracht werden und eignet sich daher besonders für die Einbindung Privater. Die Projekte kennzeichnet regelmäßig ein ganzheitlicher Ansatz, d.h. es wird der Lebenszyklus einer Immobilie, von der Planung, über Bau, Betrieb und die Bewirtschaftung bis zur Verwertung berücksichtigt. Um einen optimalen Ressourceneinsatz zu gewährleisten werden bei Immobilien meist Laufzeiten von 20 bis 30 Jahren kalkuliert. (1), (3)

Boom bei PPP, insbesondere in Großstädten

Im Auftrag der PPP Task Force im Bundesministerium für Verkehr, Bau- und Wohnungswesen machte das Deutsche Institut für

Urbanistik (Difu) eine Bestandsaufnahme zu PPP-Projekten in Deutschland. Demnach liegt das Investitionsvolumen der aktuell laufenden PPP-Projekte mittlerweile bei über sieben Milliarden Euro, wobei bundesweit zwischen 300 und 600 PPP-Projekte geschätzt werden.

Bei 23% der 1 203 antwortenden Kommunen gibt es bereits PPP-Projekte oder konkrete Projektabsichten. Mehr als 160 PPP-Projekte umfassen mehrere Lebenszyklus-Phasen einer Immobilie. In erster Linie erhoffen sich die Kommunen dabei Effizienzsteigerungen und wo dies als Hauptargument angeführt wurde, haben sich die Erwartungen in der Regel auch erfüllt. Haupteinsatzgebiet für PPP-Projekte sind Schulen, Sport-, Touristik- und Freizeiteinrichtungen aber auch Stadthallen und Verwaltungsgebäude. Dabei kommen PPP-Projekte überwiegend in Großstädten zum Einsatz. Mehr als jede zweite Großstadt greift für einzelne Vorhaben bereits auf PPP zurück. Wogegen es in rund drei Viertel aller Kommunen - in der Regel kleinere Gemeinden - noch gar keine PPP und auch keine PPP-Absichten gibt. (2), (3)

Was bringen PPP-Projekte?

PPP verspricht den Immobilienunternehmen ein Potenzial von bis zu acht Milliarden Euro jährlich. Aus Sicht des Facility Managers ist es zudem attraktiv, weil die meist 15 Jahre und mehr laufenden Verträge den Unternehmenswert steigern. (1), (8)

In Zeiten schwieriger Finanzlagen der öffentlichen Hand dient PPP in erster Linie dazu die betriebswirtschaftliche Effizienz zu erhöhen, indem man sich die Erfahrung und das Kapital privatwirtschaftlicher Unternehmen zunutze macht. PPP bringt der öffentlichen Hand im Immobilienbereich die Optimierung von Bauprozessen sowie die Reduzierung von Baukosten, Baufolgekosten, Bauzeiten und Betriebskosten. Zudem bieten immer mehr große Gebäudemanager bereits integrierte Dienstleistungsangebote, die neben dem technischen und infrastrukturellen Facility Management auch kaufmännische Dienstleistungen offerieren. Von privater Seite kommen neben Kapital die fachliche Expertise und die effizientere Leistungserstellung, im Gegenzug kann die öffentliche Seite die Finanzierung zu konkurrenzlos günstigen Konditionen organisieren und für die politische und öffentliche Akzeptanz der Projekte sorgen. Daneben kümmert sich die öffentliche Hand um die Schaffung von Planungsrecht sowie um die Akquisition öffentlicher Fördermittel und die Abstimmung mit den Aufsichtsbehörden. (1), (4), (5)

Empirische Untersuchungen von 46 nationalen PPP-Projekten bestätigten eine Unterschreitung der geplanten Baukosten um durchschnittlich 20%. Durch die Verschiebung der Instandhaltungspflichten auf den privaten Sektor wird der Werterhalt eines Gebäudes zudem kostengünstiger und die Entstehung eines Investitionsstaus seitens des öffentlichen Haushalts kann vermieden werden. Bei Büro- und Verwaltungsgebäuden können die Kosten der Bewirtschaftung nach elf bis zwölf Jahren die Höhe der Baukosten erreichen, bei Schulgebäuden sogar schon nach drei bis vier Jahren. Etwa 80% der Lebenszykluskosten eines Gebäudes entstehen erst in der Nutzungsphase. (1)

Warum wird PPP noch nicht häufiger eingesetzt?

Einer Studie der Akademie der Immobilienwirtschaft (ADI) zufolge stehen 97% der Kommunen der Zusammenarbeit mit privaten Partnern skeptisch gegenüber. Die Ursachen dafür sind unterschiedlichster Art. Zunächst muss man davon ausgehen, dass nur maximal 20% der öffentlichen Infrastrukturinvestitionen überhaupt für PPP geeignet sind.

Für viele private Investoren wird es als problematisch angesehen, dass es in Deutschland für PPP keine Standards gibt. Jede Kommune, jedes Land hat eigene Projektstrukturen. Auch die Bewertung der Projekte ist ein Problem, da hier zumeist nicht auf Vergleichs- oder Vergangenheitswerte zurückgegriffen werden kann. Wie bewertet man beispielsweise eine Gefängnisimmobilie bzw. wie hoch kalkuliert man deren Restwert nach Ablauf der Vertragslaufzeit? Wie rentabel ist eine Brücke oder Straße?

Von öffentlicher Seite wird die Einbeziehung Privater bei der Erstellung öffentlicher Infrastrukturen häufig noch als Eindringen in hoheitliche Aufgaben empfunden und man fürchtet den Verlust von Kompetenzen. PPP stellt auch völlig neue Anforderungen an die öffentliche Verwaltung und die PPP-Verträge weisen meist eine hohe Komplexität auf. Entsprechend wächst der Prüfungsaufwand, um alle Vorschriften und Verordnungen zu berücksichtigen. Zudem ist die öffentliche Hand gefordert die Qualität der privaten Leistungen zu kontrollieren und notfalls auch zu sanktionieren. Denn die Fehler der Privaten werden schnell als Fehler der Politik gesehen.

Auf beiden Seiten ist darüber hinaus die Furcht vor

Übervorteilung nach wie vor hoch. Als besonderes Problem wird deshalb die optimale Risikoallokation angesehen. Typischerweise trägt der private Partner meist das Planungsrisiko, das Fertigstellungs- und Erhaltungsrisiko, das Finanzierungsrisiko, das Betriebsrisiko und gegebenenfalls das Verwertungsrisiko. Um eine sachgerechte Verteilung der Risiken zu erreichen bedarf es dann einer entsprechend leistungsorientierten und risikobezogenen Vergütung. Da sich die PPP-Verträge zudem meist über einen sehr langen Zeitraum erstrecken, wird sich erst in Zukunft herausstellen können, ob Projekte wirklich kostengünstiger und effizienter umgesetzt werden können und ob sie sich für beide Seiten rechnen. (1), (4), (6)

Was wird getan um die Situation für PPP zu verbessern?

Auf Bundes- und Landesebene gibt es bereits Task Forces und Kompetenzzentren, um die bestehenden Hindernisse zumindest teilweise abzubauen. Erste Schritte zur Harmonisierung und Vereinfachung der Verfahren bei PPP-Projekten werden bereits vorangetrieben. Von den Finanzministern der Länder wurde eine Arbeitsgruppe beauftragt eine bundeseinheitlich geltende Berechnungsmethode zu erarbeiten. Auch der Einsatz einer Pilot-Projektgruppe im Bundesbauministerium zeigt das große politische Interesse. (4), (5)

Die deutsche Immobilienwirtschaft erhofft sich weitere Fortschritte durch die Gesetzgebung. Dabei spielt die Zusammensetzung der neuen Regierung wohl keine Rolle, da es beim bereits wirksamen "ÖPP-Beschleunigungsgesetz" vor den Wahlen eine parteiübergreifende Zustimmung gab. Verbände und Kammern der an PPP-Projekten beteiligten Unternehmen sind aufgefordert, ihre Erfahrungen hier einzubringen. Insbesondere was die Finanzierungskonzepte für PPP-Maßnahmen angeht, sind auch die Finanzdienstleister gefragt, zumal sich der PPP-Bereich durchaus als ein interessanter Markt für die Kreditwirtschaft entwickelt. (5)

Trotz all der Widerstände wird in Deutschland PPP weiter forciert und ist auf dem besten Wege sich als eine Variante zur Schaffung öffentlicher Infrastrukturen zu etablieren.

Fallbeispiele

Bundesweit erster "PPP"-Schul- und Turnhallenneubau

Für rund 16 Mio Euro waren die Paul-Kraemer-Schule und die Dreifachturnhalle des Nell-Breuning-Berufskollegs in Habbelrath errichtet worden. Dabei wurde die Bauzeit von 14 Monaten eingehalten und das Budget sogar um 750 000 Euro unterschritten. Dabei haben nicht nur die Bauherrn gespart, sondern auch der Rhein-Erft-Kreis kalkuliert als Mieter künftig eine Ersparnis in Höhe von rund 300 000 Euro pro Jahr. (7)

PPP-orientierte Baupolitik in Hessen - vier Pilotvorhaben identifiziert

Das Land Hessen hat ein eigenes PPP-Kompetenzcenter eingerichtet und wird nun insgesamt vier Baumaßnahmen als Landes-Pilotprojekte durchführen und zwar das Finanzzentrum Kassel Altmarkt, das Behördenzentrum Wiesbaden, die Bodenmanagementbehörde und das Polizeipräsidium Südosthessen. (5)

Hochtief übernimmt Kölns PPP-Projekte beim Schulbau

35 Millionen Euro investiert der Baukonzern Hochtief in Kölns Schulen und übernimmt für 25 Jahre Betrieb und Instandhaltung der Schulen. Gegenleistung: monatlich 550 000 Euro Miete, bei jährlichen Anpassungen nach objektiv festgelegten Preisindizes. Die Stadt geht davon aus etwa 10 Prozent zu sparen. (8)

Hochtief mit erstem PPP-Auftrag aus Irland

Der Baukonzern Hochtief hat seinen ersten PPP-Auftrag in Irland mit einem Vertragsvolumen von ca. 210 Millionen Euro erhalten. Hochtief PPP Solutions (Ireland) baut ab September 2005 die Cork School of Music und hat sich verpflichtet zu finanzieren, zu bauen und 25 Jahre lang zu betreiben. Gemeinsam mit Barclays Private Equity hat das Unternehmen die Projektgesellschaft Cork School of Music Services gegründet, an der beide Unternehmen jeweils 50

Prozent halten.

Zahlen & Fakten

- Maximal 20 Prozent der öffentlichen Infrastrukturinvestitionen sind PPP-geeignet. (1)

- Auf kommunaler Ebene sind mindestens 240 aktuelle PPP-Projekte in der Umsetzung oder Planung. (2)

- Bundesweit wird derzeit geschätzt, dass es zwischen 300 und 600 PPP-Projekte gibt. (3)

- Ein optimaler Ressourceneinsatzes bei PPP wird erwartet, wenn man Laufzeiten von 20 bis 30 Jahren zugrunde gelegt. (1)

- Die durchschnittliche Investitionssumme je PPP-Projekt liegt auf kommunaler Ebene zwischen 13 bis

16 Mio. Euro. (2)

- Für PPP-Projekte wurde ein Effizienzvorteil von 10% im Vergleich zu herkömmlichen Investitionen festgestellt.

- Eine empirische Untersuchungen zeigt eine Unterschreitung der geplanten Baukosten von durchschnittlich 20%. (1)

Weiterführende Literatur

(1) Öffentlich-Private-Partnerschaft -Allheilmittel oder Mogelpackung
aus Immobilien & Finanzierung - Der Langfristige Kredit 18 vom 15.09.2005 Seite 636

(2) Wachstum bei PPP-Investitionen - aber nur in Großstädten
aus Immobilien & Finanzierung - Der Langfristige Kredit 18 vom 15.09.2005 Seite 648

(3) Obertreis, Rolf, "PPP ist keine Eier legende Wollmilchsau", Badische Zeitung vom 14.09.2005,

Seite 000
aus Immobilien & Finanzierung - Der Langfristige Kredit 18 vom 15.09.2005 Seite 648

(4) P(olitisch) P(roblematische) P(artnersuche)
aus Immobilien & Finanzierung - Der Langfristige Kredit 18 vom 15.09.2005 Seite 632

(5) Frage an Karlheinz Weimar - "PPP-orientierte Baupolitik in Hessen - welche Erfahrungen gibt es nach einem Jahr"
aus Immobilien & Finanzierung - Der Langfristige Kredit 18 vom 15.09.2005 Seite 634

(6) Chancen und Risiken für private Finanzierer von PPP-Projekten
aus Immobilien & Finanzierung - Der Langfristige Kredit 18 vom 15.09.2005 Seite 640

(7) Mrziglod, W., "Wir sind die Neuen in Habbelrath ...", Bundesweit erster "PPP"-Schul- und Turnhallenneubau feierlich eingeweiht, Kölnische Rundschau, 10.09.2005
aus Immobilien & Finanzierung - Der Langfristige Kredit 18 vom 15.09.2005 Seite 640

(8) PPP aus Sicht eines Facility Managers
aus Immobilien & Finanzierung - Der Langfristige Kredit 18 vom 15.09.2005 Seite 646

Impressum

P(ublic)-P(rivate)-P(artnership) - Eine Chance für die angeschlagene Immobilienwirtschaft?

Bibliografische Information der deutschen Nationalbibliothek

Die Deutsche Nationalbibliothek verzeichnet diese Publikation in der deutschen Nationalbibliografie; detaillierte bibliografische Daten sind im Internet über http://dnb.d-nb.de abrufbar.

ISBN: 978-3-7379-2402-3

© 2015 GBI-Genios Deutsche Wirtschaftsdatenbank GmbH, Freischützstraße 96, 81927 München, www.genios.de

Alle Rechte vorbehalten. Dieses Werk ist einschließlich aller seiner Teile – z.B. Texte, Tabellen und Grafiken - urheberrechtlich geschützt. Jede Verwertung außerhalb der Grenzen des Urheberrechtsgesetzes bedarf der vorherigen Zustimmung des Verlags. Dies gilt insbesondere auch für auszugsweise Nachdrucke, fotomechanische

Vervielfältigungen (Fotokopie/Mikroskopie), Übersetzungen, Auswertungen durch Datenbanken oder ähnliche Einrichtungen und die Einspeicherung und Verarbeitung in elektronischen Systemen.